少林秘传绝技丛书

少林古传技击术

邓方华　编著

人民体育出版社

图书在版编目(CIP)数据

少林古传技击术 / 邓方华编著. -北京：人民体育出版社，2019
(少林秘传绝技丛书)
ISBN 978-7-5009-5478-1

Ⅰ. ①少… Ⅱ. ①邓… Ⅲ. ①少林拳-技击（体育）
Ⅳ. ①G852.151.9

中国版本图书馆 CIP 数据核字（2018）第 265904 号

*

人民体育出版社出版发行
中国铁道出版社印刷厂印刷
新 华 书 店 经 销

*

880×1230 32 开本 5.25 印张 151 千字
2019 年 3 月第 1 版 2019 年 3 月第 1 次印刷
印数：1—4,000 册

*

ISBN 978-7-5009-5478-1
定价：25.00 元

社址：北京市东城区体育馆路 8 号（天坛公园东门）
电话：67151482（发行部） 邮编：100061
传真：67151483 邮购：67118491
网址：www.sportspublish.cn
（购买本社图书，如遇有缺损页可与邮购部联系）

丛书插图制作

（排名不分先后）

邓方华　　高　翔　　凌　召

潘祝超　　谢静超　　赵爱民

黄守献　　王松峰　　李贡群

高　绅　　黄冠杰　　黄婷婷

总 序

2017年1月25日，中共中央办公厅、国务院办公厅印发了《关于实施中华优秀传统文化传承发展工程的意见》（以下简称《意见》），并发出通知，要求各地区各部门结合实际认真贯彻落实，体现了党和政府对中华优秀传统文化的重视。

在国民教育方面，《意见》提出：加强中华优秀传统文化相关学科建设，重视保护和发展具有重要文化价值和传承意义的“绝学”、冷门学科。在保护传承文化遗产方面，《意见》提出：推动民族传统体育项目的整理研究和保护传承。

中华武术有着几千年发展的历史，是中华民族在社会实践中创造的宝贵财富，是中华文化的重要组成部分。少林武术作为中华传统武术的优秀代表，其秘传绝技与武学秘籍一直是武术爱好者竞相学习和研究的对象。目前在国家的重视下，少林武术发展形势良好，但也存在可供学习的少林武术书籍相对较少的问题，因此，需要对少林武术的相关技艺进行整理出版，使中华武术进一步发扬光大。

《少林秘传绝技丛书》应运而生。本系列丛书依据“健康第一”的教育理念和“便于传承与发展”的要求，邀请有关专家参与编写，披露了少林武术的多种秘法绝艺。先期出版的有《少林点穴绝技》《少林擒拿绝技》《少林擒跌绝技》《少林短打绝技》《少林腿法绝技》《少林古传擒拿与点穴》《少林古传技击术》《少林八段锦古传秘功》《少林易筋经古传秘功》9本，后续还会出版相关系列图书。这套丛书既可作为武术爱好者学习研究的参考用书，也可作为各级各类武术教员的教学用书。

本系列丛书注重图文并茂，避免抽象化和纯理论化，意在提高现代武术爱好者的学习兴趣；立足于理论联系实际，突出学以致用要则；力求简洁明晰，便于阅读，便于练习。当然，不足之处在所难免，欢迎读者批评指正，以利今后进一步充实与完善。

内容提要

1. 综之技击为术，并无刚柔之分。其入手之初，使刚者化而为柔，柔者化而为刚。及其至，则何刚何柔，亦柔亦刚，所谓神明变化，不可方物，不可思议。“吾辈遇敌时，出手当如飘风迅雷，使其闻风而倒”。

2. 自达摩师后，沙门之以技击术显者，遂不绝于时。如洪蕴禅师、觉远上人、一贯禅师、澄隐上人、独杖僧等，皆为此技之名家巨手。

3. 练手之法，以运使腋力，令其气由肩窝腋下运至指巅，如是而后全身之力得以贯注于手。用力久则手足两心相应，筋骨之血气遂活泼凝聚，一任练者之施用而无碍。“练到骨节通灵处，周身龙虎任横行。掌心力从足心印，一指霹雳万人惊”。

4. 长手贵力足，短手能自顾。平时练习，非长手不能达气；对搏时，非短手不足以自保，故长短互用、刚柔相济，为此道之正宗。

5. 气自丹田吐，全力注掌心。按实始用力，吐气须开声。推宜朝上起，紧逼短马蹬。三字沾按吐，都用小天星。

6．擒拿术总括其要，为五字诀：一曰印，二曰擒，三曰侧，四曰紧，五曰切。印则以掌心力印之；擒则以五指擒之；侧则用掌缘侧而取之；紧则按准其要害，而加力以紧之；切则如医家之切脉势，按其部位而切取。

目　录

第一章

技击入手法

少林之初创此法也，本无所谓技击术，不过与卫生之体育无异。顾以达摩师当日立法之意旨，实因伽蓝清静之地，趺跏久坐，易成疲顿。乃因时立制，以求裨补于一时。孰意其始也简，其后遂日增月盛，竟非初念所能及也。（图1-1）

图1-1

夫吾国技击之术，原不始于六朝时代，周秦之间，即有以此著称者。不过其时仅以剑术为重，而于拳足技击等法，传习盖寡。（图1–2）

图1–2

迨汉、晋、隋、唐以来，此术乃日趋于盛，试读太史公《游侠》与《汉书·方伎》等传，其时豪壮之士，以剑术名者，亦间有著闻。如巴郡任文公，命其家人日举百斤，环舍趋走，以练习手足之力。（图1–3）

图1–3

至唐时大历中，有昆仑奴磨勒者，能携极重铁椎而跃逾崇垣十数重。后某巨僚以甲士五十余人，围击于一院落中，更能以短匕首左右策应，瞥若惊鸿，疾同鹰隼，虽攒矢如雨，均莫能中，顷刻间，竟飞出极高垣墙以去。（图1–4）

图1–4

是唐时已有如斯身手之人，可见技击一术，至隋唐中盖臻极盛，而宋元以降，更代有传人。而达摩师之寥寥数手，虽师承递嬗，日渐趋于精微，实不得谓为此术之开山祖也。然不过在当时之技术显者，仅世间俗子庸夫，而方外之士，尚未闻以技击称也。

考斯术之源流派别，虽不能谓为达摩师之创立，然自达摩师后，沙门之以技击术显者，遂不绝于时。如洪蕴禅师、觉远上人、一贯禅师、澄隐上人、独杖僧等，皆为此技之名家巨手。（图1–5）

图1–5

综之技击为术，并无刚柔之分。其入手之初，使刚者化而为柔，柔者化而为刚。及其至也，则何刚何柔，亦柔亦刚，所谓神明变化，不可方物，不可思议者也。

技击之术，学之不难，求精为难。少林南北两宗之衣钵，争奇斗异，如当春之花，纷华绚烂。而其初时入手之方，则实相差无甚悬远。兹将次第列记于下，不仅留当年鸿爪，亦以使后人按迹而求，不致漫无津涯也。

一、地盆

南派曰“地盆”，又曰“地盘”；北派曰“马步”；河南派及蜀、黔、楚等处，又曰“站桩”，名异而实同也。

地盆之法，为初入门时所必要，借此练气下行，不独增长足力，且可免血气上浮。血气上浮可致身干上重下轻，稍一动作，即觉喘呼足颤，有不打自跌之患。故地盆宜于初时痛下站立之功。

地盆有三，随学者取便习之。

（一）八字地盆

足如“八”字形，两腿蹲下，与骑乘无异。（图1-6）

图1-6

（二）一字地盆

此势如“一”字形，只须照八字势，将脚跟向前稍移，使两足平排如一字可也。（图1–7）

但此较八字势稍难，学者须将八字势练过旬日，再进此也。

图1–7

图1–8

（三）二字地盆

其法不过较八字势将两足尖朝内收进，即成此势。（图1–8）

但此势可将膝向前做跪势，令后脚跟起，而足尖落地，此练习足尖之意也。（图1–9）

图1–9

（四）地盆四忌

1. 忌两腿蹬下不能平正。不平则不能得力。

2. 忌站立时腰背弯曲。腰屈则气不能下。

3. 忌一站即起，使两腿全不受痛楚，则进功必缓而无成。

4. 忌肩耸、头斜及眼光乱视。凡练习时，肩窝欲平，头颈欲正直，眼光欲平正。

（五）地盆要义

盖寻常未经练习之人，气多上浮，故上重而下轻，足胫又虚踏而鲜实力，一经他人推挽，则如无根之木，应手即去，此气不练所致也。故技击之入手法门，即以马步为第一着。俗语云“未习打，先站马（即蹲桩）”，亦即此意。苟能于马步熟练纯习，则气贯丹田，强若不倒之翁。而后一切单行手法及宗门拳技，均可以日月渐进矣。（图1–10）

图1–10

初练马步时，如散懒之人，忽骑乘终日，腿足腰肾极为酸痛，其力反觉减退。此名为“换力”，凡从前之浮力虚气，必须全行改换。但到此不可畏难，宜猛勇以进。如初站一小时者，次加增数分，总以渐进无间为最要。又，站时若觉腿酸难忍，可以稍事休息。其功效总以两腿久站不痛，觉气往丹田、足胫坚强为有得耳。

（六）地盆与桩步之别

或有问曰："少林谓之地盆，他家则名之曰桩步，其用如何？有无异同？请稍为言明，使学者有所矜势，而得用力之方。"

答曰："此事最易辨别，惜人不加察耳。地盆者，短马也；桩步者，半马也。地盆为练习时之用，桩步为临敌时之用。"

故地盆有一字、八字、二字之别；桩步则有子午、丁字、长三势之分。（图1–11～图1–13）

子午之势，如长三形，而后足稍平，与丁字后足同。丁字势则用之者少，以其略有不便也。地桩南北无异，顾以足之立地形势，只有此数，不能特创新奇耳。

图1–11

图1-12

图1-13

二、手法

足既坚强矣，则练手尚焉。练手之法，以运使腋力，令其气由肩窝腋下运至指巅，如是而后全身之力得以贯注于手。用力久则手足两心相应，筋骨之血气遂活泼凝聚，一任练者之施用而无碍也。

手法虽有各家之别，综而论之，北派尚长手，南派尚短手。长手贵力足，短手能自顾。平时练习，非长手不能达气；对搏时，非短手不足以自保。故长短互用、刚柔相济，为此道之正宗。

兹将南北派之各家通行手法，讲之于下。

（一）牵缘手

此即双推手之变化。法用左右手作回环护拦之势。其两手指端至练熟时，必作连环势。（图1–14、图1–15）

图1–14

图1–15

此手能练圆时，则指臂灵活，一切手法，皆不难迎刃而解。此为初学步时所当经心练习者也。

此手之用法，如敌人以手或木棍击来，则以左右随势缘格，敌手与物遂落空不能中。于是再逼进一步，随机以取敌之要害。（图1-16～图1-20）

图1-16

图1-17

图1-18

图1-19

图1-20

此手又名“猿手”，盖猿每遇击，必用此种手势，灵捷异常，故即以之为名云。（图1-21、图1-22）

图1-21

图1-22

（二）缠手

此手又名“阴牵缘手”。与前手稍不同者，前手阴阳互用，此手纯用阴（即掌下覆之势）；前手作正面势，此作侧势（或左侧，或右侧），譬如左手朝前缠，右手则从腋下（乃左手腋下），尽力格出。如是循环，或左右练习，自能有功也。（图1–23、图1–24）

此手又名“蛇缠手”，盖取与蛇之缠绕树枝相同，以故纯用覆掌阴手出之。（图1–25）

图1–23

图1–24

图1–25

此手用法，与牵缘相异者，牵缘取正面之格拦势，此则取其侧面，乘势以挥击敌人之腋窝，且并作回护勾格下部遇敌之用。（图1-26～图1-34）

图1-26

图1-27

图1-28

图1-29

图1–30

图1–31

图1-32

图1-33

图1–34

能熟练之，自有妙境。演练时，手向内缠，非向外缠，观勾格二字自明。若向外缠，则与之相去已甚，学者谨记之。

（三）长短分龙手

北派最喜练此手。许多名师巨子，其演练手法即开始出此。盖方家技士，以此为演习最冠冕。

其法为用手左右分排，如左长则右短，右长则左短，故又名“排闼手”，江湖卖艺者则名此为“开门手”。（图1-35、图1-36）

图1-35

图1-36

此手之用力，以前肘及掌缘向外翻滚，而两掌心必须相应，且练时足作子午桩，下半马（即身稍蹬下之意），力自肩窝腋里运出。

此手用法亦为分格之用。到熟练时，即格即打，即打即格，无须重行换手，换手即迟慢也。（图1-37、图1-38）

图1-37

图1-38

（四）剪手

此手阴辟阳阖，相叉如剪，故名为“剪手”。（图1-39～图1-42）

图1-39

图1-40

图1-41

图1-42

有一剪手名家，因其练习勤苦，两臂如铁，如人与搏，经其两手叉剪，则手骨必折断，亦江湖中之绝技也。（图1–43）

图1–43

此手之用力，亦以掌缘及两肘为要。但有一最宜注意者，两手叉剪时，身宜稍侧，而胸向内吞，如是与敌遇，方不致被紧逼而失其宽绰进退之势。

此手法之用，可以格压敌人之手，而取推排敌人之势，在善于妙用耳。叉剪手之取势，身宜稍侧，左剪则左手在前，用右手尽力斫入，以右手叉压至左手肘弯为止。唯叉合时，右手之指端，只可叉过左手弯外一寸余，否则，恐被敌人封逼，致不能变化，此最忌也（右剪时同）。又剪叉时，无论左右侧，前后手俱宜稍平，倘前手失于弯曲高起，其弊害亦可虑也。

剪手颇具变化，叉合时，两掌向上，名为阳手；一分开则变为阴手，其势如骨牌中之长三形，可以乘势而点击敌人之咽喉或目部要害处。（图1-44、图1-45）

图1-44

图1-45

少林巨子高泺（luo）园（图1–46）教曰："剪手最灵快，取敌亦甚得力，能精练则受用无穷。唯有一事，须谨记者，凡无论何手，如系使用掌时，其拇指须紧贴掌缘，微带屈势，切不可放开。此在平常练习时，经心记之，久则习惯自然，自无拇指分开之弊；前四指亦须紧排平直。此通行法耳。"

图1–46

（五）斫挑手

又名“切手”，取如刀之斫切物也。此手有双斫与单斫之分。

单斫，则一手挑拨，一手斫击敌人之膀肉、脉根、耳部或腿部等处。（图1–47、图1–48）

图1–47

图1–48

双斫，则两手长短齐出，带挑带斫，极为便捷可法。（图1-49～图1-52）

图1-49

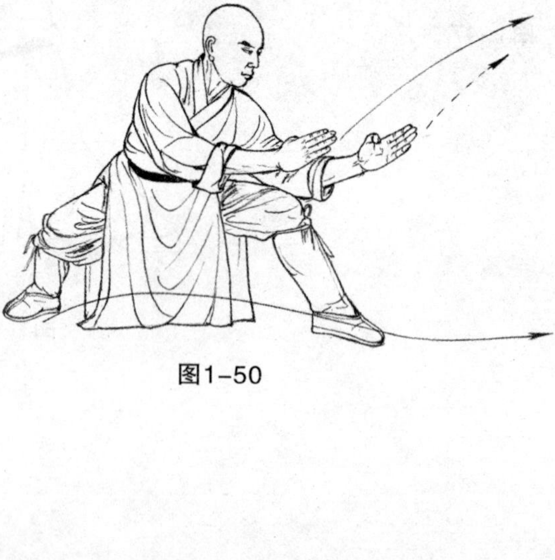

图1-50

图1–51

图1–52

此手操法，即从剪手稍为变化，虽名为切手，但出手时，总宜侧身排掌，斜向斫出，方能得力。（图1-53 ~ 图1-57）

图1-53

图1-54

图1-55

图1-56

图1-57

（六）托手

黔派名为“托天手”。

操练时，亦宜左右分演。如左手托上，右手则向身侧勾拨而下。右托，则左手亦如之，故又名为前托而后勾。（图1-58、图1-59）

图1-58

图1–59

托用掌心力向上托起，若端长木盘然。勾用腕力、指力。

此手用法，可以托开敌人之手臂，乘机以拍击其膀后，使其立身不稳，力无所用，取侧势故也。（图1–60 ~ 图1–64）

图1–60

图1–61

图1–62

图1-63

图1-64

（七）插手

此手又名“点手”。有掌插、指插、骈指插、三指插等之异。（图1-65～图1-68）

图1-65

图1-66

图1-67

图1-68

然此非于气功习练精到，不易学步。掌插稍易，一指插为最难。南北各大家以此著名者，仅寥寥数人而已。此乃上乘宗法，非三五年功夫所能见效。（图1–69）

图1–69

闻之师言：昔游黔中，于铜仁府城遇一胡某（胡某，忘其名，黔之黎平人，乃一贯大师之徒，觉远上人之徒孙），练一指之功，用五十年之力，且破产交游，足迹遍南北，所遇名手极多。故观其出手，一步一趋，皆有师法，为吾人平生所仅见。闻以在黔中作烟贩、镖手为生活，当此鲜有敌者。

有人道：胡某当镖客时，年已七十余矣，暴徒嫉恶之，约十余人，各执长柄铁矛，围击于茶肆中。胡某声色不动，铁矛击至，微以指敲之，纷纷堕地，其技亦神矣哉。（图1–70）

图1–70

（八）点按手

据西江派巨子熊剑南先生之秘传遗语，谓在此道中，点按手乃一独立宗派。（图1–71）

图1–71

其秘诀在深悉人身气血流行之时刻，与其脉络穴道之部位，若按时点按，可以随轻重而致其性命之死生。中有软麻穴九，昏眩穴九，轻穴与重穴各九，合之为三十六点按手。

然其点按而致死者，仅有九穴。即脑后（名脑海穴）、气门、耳根穴、气俞穴（即脑后脊骨第三节）、当门穴（又名血穴，即当胸正心口也）、命门穴（即腰脊骨由下数上第七节也）、肺海穴（即头颈后脊骨第七节也，与命门穴谓之“上七下七，一点命毕”是也）、气堂穴（即小腹两旁是也）、脐门穴（即肚脐是也），共为九穴。（图1–72）

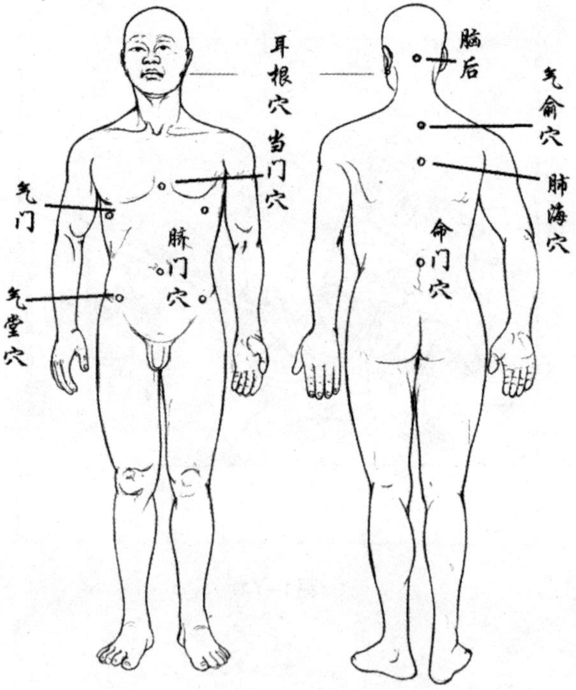

图1–72

唯此中手法，有一指点、两指点、斫点、拍点、掌印点、手拐点、膝盖撞点等法，各有其用，非经亲授，不易于着力。又有血度流行时刻表，乃点按术之极要者。唯此须择人而授，否则恐不免有恃术误施之害耳。（图1–73～图1–79）

图1–73

图1–74

图1-75

图1-76

图1-77

图1-78

图1-79

手法之名目甚多，其要总不出于此数种之变化。然所最宜注意者，初入门时，不妨广为练习，以坚筋骨而别门户；操之纯熟，则迅择一正宗手法，专求精到，如士子读书；贵先博而后约，斯道何独不然？

手法愈简一，功夫愈精到，总以恒心敏力赴之，自能抵神化境也。若只求法术多，千通万晓，而自己无一独到处，则终属下乘，卑卑不足言也。

三、掌法

掌法为北派擅长之技，多以四指紧排，拇指屈贴掌缘，谓之“柳叶掌”，又称“般禅掌”。（图1-80）

南派则钩指，谓之“虎爪掌”，又称“全豹掌”。（图1-81）

要之，形式名称虽不同，而其用力则一也。其一为何？即指向外翻，注力掌心是也。

图1-80

图1-81

掌法之平时练习，以岳武穆之双推手为宗。（图1–82）

图1–82

总须肩窝吐力，气贯掌心，为最当注意之事。（图1-83、图1-84）

图1-83

图1-84

又，掌之制敌，以按入胸肋心穴为度，他处不能用。且有双掌齐出及单掌独进之别，在学者神而明之，随时变化可也。（图1-85、图1-86）

图1-85

图1-86

般慧禅师习此二十余年，因用力之勤而颇有所悟。（图1–87）

兹将其掌诀歌记之如下：

气自丹田吐，全力注掌心。
按实始用力，吐气须开声。
推宜朝上起，紧逼短马蹬。
三字沾按吐，都用小天星。

图1–87

推宜朝上起：掌力朝上，敌始易于倾跌。紧逼短马蹬：紧逼而后出掌得力，短马而后可以自顾。

小天星：即掌尺脉上之锐骨。（图1–88、图1–89）

图1–88

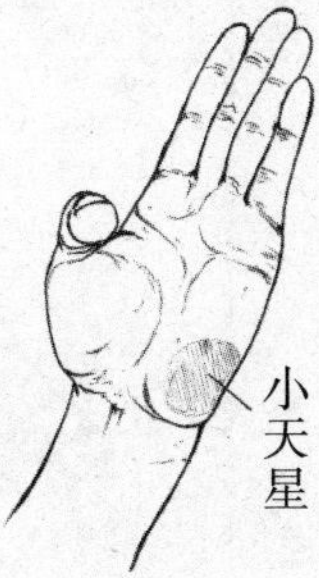

图1–89

少林巨子铁斋（图1–90）曰："掌法先用指，点入敌之咽喉部，再平掌按下，觉掌心正及敌人之心窝，而后放全力吐出。但吐出时，须开声一喊，令敌人心房猝然一惊，则掌力始恰到妙处。然此须精熟者始能为之，更不可轻易用此草菅人命也。"（图1–91、图1–92）

图1–90

图1–91

图1–92

四、指腕肘拐之练法

指掌之法，已述如前矣。腕力与肘拐骨力，均须练习。盖一身均宜练到，始可有用而免他患。若专注于一，虽为求精之道，久之则血气偏枯于一处，而身乃受其大害。故博而返约，约时仍不可忘博，否则终归下乘也。

腕与肘骨之练习，即用剪手变化。如剪手阴开时，即肘骨用力处，剪手则平掌而出，此则手作勾拔势足矣。仍宜左右前后、横拐纵拐，使腋里之力平分。（图1–93 ~ 图1–100）

图1–93

图1–94

图1-95

图1-96

图1-97

图1-98

图1-99

图1-100

唯此有二忌焉，学者须留意，用拐须迅速如风，防敌人之挑斫，故忌迟。

用拐须短马，放拐时变为半长马，以免拐高，易有被敌人乘虚而入腋下之患，故用拐忌高。

拐之制人，多在稠人广众中，少则不可轻用。用时更须取侧势，如前后拐，则收宜捷速，后防斫击、前防挑托也，记之记之。（图1–101）

图1–101

五、横力、直力、虚力、实力之辨别

铁斋曰："不学之人，虚力多而实力少，有直力而无横力。"此为确有阅历之言。

横力之练习，以分龙手及剪手，习之久则横力生焉；直力则由于吐自腋里为实直，否则虚直而已。其根源视气功之深浅厚薄为辨。

秋月禅师白玉峰（图1-102）曰："练到骨节通灵处，周身龙虎（即血气之称）任横行。掌心力从足心印，一指霹雳万人惊。"学者宜精心玩此，则于吐气用力，当得其三昧也。

图1-102

六、用力暗诀

觉远上人（图1–103）曰：

力以柔而刚，气以运而实。力从气出，气隐力显，无气则力自何来？俗家之力，其来也猛，而其着实也，多浮而鲜沉。名手之力，其来也若在有意无意之间，而其抵隙沾实而后全力一吐，沉重若山，可以气透肤理。此其故，由于俗家之力刚，名手之力柔；刚则虚浮，柔则沉实。习之既久，自能知晓。

图1–103

盖以一掌或一拳之打出，手一着力，则气有三停：一停于肩穴，二停于拐肘，三停于掌根。如是而求力能贯透指巅或掌心，难矣。至于柔运之力，则与此不同，一举手则全身之力，奔赴于气之所运。所谓意到气随，速于声响，精确之功，学者可以悟矣。

七、眼法与听力

技击以眼为第一要着，故眼力钝视之人，万不能练习，以应敌易于受制也。谚语云：此道无它谬巧，在眼尖、手快、胆稳、步坚、力实五者而已。此虽为浅近之语，然于此五者，真能无所欠缺，则应敌亦切实受用不小。初学步者，宜先于此五者加之意也。

各家眼法，常有参差不齐之处。关中派谓与敌遇，宜先用眼光注其肩窝；洛派则谓先以眼视敌之胸膛；北派则谓敌之手尖或器物之端，须先凝注；川、黔、湘、楚等技家，则谓须以己之眼光注射敌之眼光。此等之法，俱各有精妙自得之处，不能妄评其优劣。总以融会诸家之长，而以锐利为最要。（图1-104～图1-107）

顾少林之法，高出于各家之上而不同者，在平素之内功耳。内功为何？即解脱生死，心定神清，眼力到处，威如猛狮，锐若鹰猿，其妙境不可思议。至于注射之点，以敌之眼光为鹄（gǔ），手尖物尖，不注自注。习之精熟，自能解悟，浅者不易知也。

图1–104

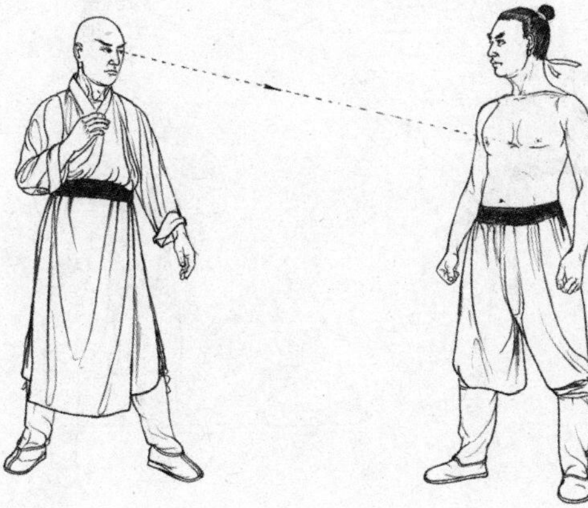

图1–105

图1-106

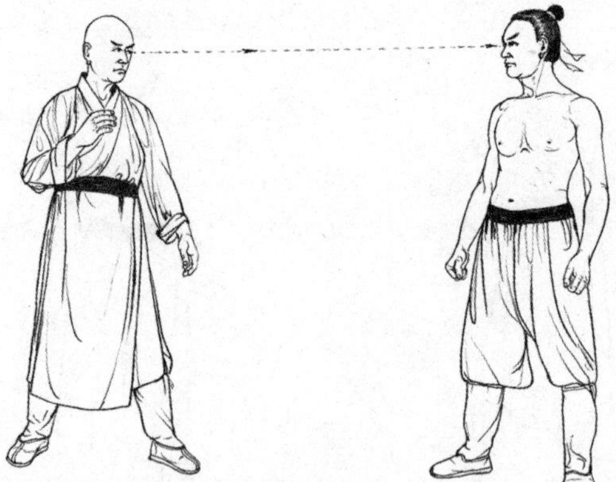

图1-107

听法，乃防敌之扼背，或暗狙袭击。能听，则仓猝有以避让，不致梦梦受敌也。要之听法仍以禅功深者为易。禅定之人，听及毫末。

滕氏（滕本湘之麻阳人，生而有异力，人以其肤黑，故呼为“黑子”，乃少林巨子智圆上人之徒孙）（图1-108）曰：

图1-108

练耳一法，造一木架，中悬竹杆，如秋千然，杆头扎一布片。演习时，使竹杆飞动，身背立于竹杆不能到处，以一二寸为度，听竹杆飞动时，其风翕翕然，从耳后经过，凝神静听，身不可动。习之既久，则以后有人与物由侧背击来，闻其风即可躲闪而避让之。此少林法也。至于练目，亦与此同，不过转背面为正面耳。然此两种练法，总须时常演习，非旦夕间可能奏功也。（图1-109、图1-110）

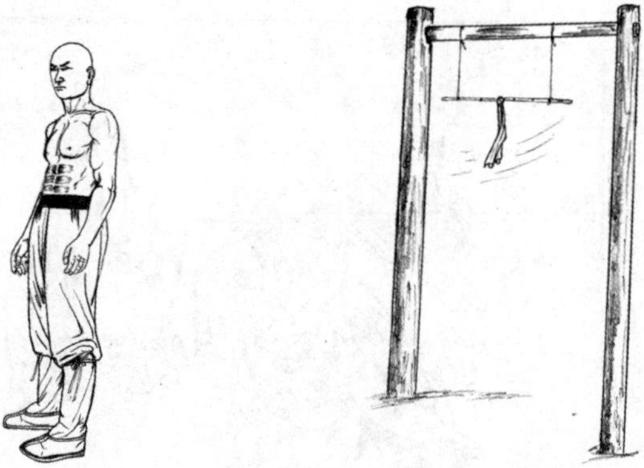

图1-109

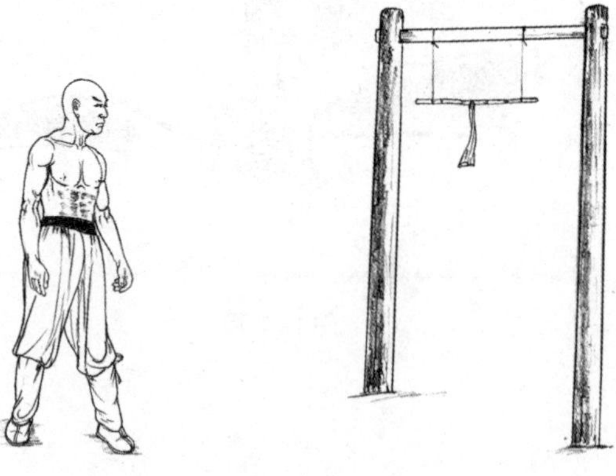

图1-110

八、胆力

黔黎平之胡氏（图1-111）曰：

图1-111

技击之为道，依俗谚所称，只知眼尖（即眼明之谓也）、手快、胆稳三者而已。夫眼与手之曰尖、曰快，乃下乘功夫所有事。若超乎上乘，则眼与手自具有特殊之功能，不必求尖而自尖，不必求快而自快也。至胆力一端，若不从禅功上着力，则生死呼吸之会，颇难方寸不乱、处之裕如。（图1-112）

图1-112

吾昔年自川蜀赴鄂，途遇某显宦子，由成都登舟，驺从甚众。有镖客八九人，类皆彪形伟汉，意态雄壮，窥其自恃身手，有目无余子之态。且各携带擅长之武器，如刀剑，如袖弹，如铁如意、铜锏等物，置船舱壁中，光威闪烁，英气逼人。吾因与舟子有姻娅亲，亦得附乘是舟。唯以众镖客睹吾躯干瘦弱，寻常视之，毫无款洽意。吾性好静，且见彼多粗莽，雅不欲与周旋，故虽同舟数日，尚未通姓氏焉。舟至夔（kuí）州，又有兵士四人护送，闻系某府尊所委派也。

一日，舟将抵荆沙。夜半，忽有盗三四十人，猝然蜂拥而至。（图1–113）

图1–113

某显宦子急呼镖客敌盗，众无应者。吾闻声从舱壁窥之，见众镖客皆战栗瑟缩，面无人色。幸护送之兵士四人，各执火枪，在舱面与盗搏击，状甚勇敢。（图1–114）

图1–114

吾睹兵势寡，恐不敌，乃抽壁上所挂刀剑，奋而相助，盗披靡，乃鼠窜去。（图1–115）

图1–115

是役也，若不得由夔来之护送兵士，出而奋斗，不独资财荡然，且某显宦子与其随从人等，恐将不能保其生命。则所谓镖客者，平日受人豢养，夸勇炫技，气雄万夫，迨至事变猝至，乃怯缩如辕下驹，反不若营队之兵士，虽无技击之长，犹敢冒险一击。此其故，盖由于无胆之所致尔！

由是观之，则胆力之与技击关系，殊匪浅鲜，似平日练胆之法，更不可不三致意也。

第二章

通行裁手法

一、挑斫拦切

挑，即上挑敌人之手。（图2-1、图2-2）

图2-1

图2-2

斫，即顺势斫下。（图2-3、图2-4）

图2-3

图2-4

拦，即将敌人之手与物拦开（此为横手）。（图2-5、图2-6）

图2-5

图2-6

切，即乘机直切而下（亦格手也）。（图2–7 ~ 图2–10）

图2–7

图2–8

图2-9

图2-10

此乃技击家之通行裁手法，唯为初入门者所不可不知。迨到精熟时，则应变无方，行所无事，所谓不期挑而自挑，不必拦而自拦。此中妙境，名家巨手能知之，浅尝者难喻也。

秦中泾源有一高姓者，以精于猴拳著声关内外。其手腕之灵捷矫健，腰腿之轻柔活泼，洵近世中之健者也。尝语曰："吾辈遇敌时，出手当如飘风迅雷，使其闻风而倒，哪有手迹可寻？此秦中俗语所谓'打来勿许见，见时不足算'也。"则其技之神，亦可于言外见之矣。（图2-11）

图2-11

二、封逼擒拿

封手者，即封关敌人之手，使其不能活泼变化也。（图2-12～图2-15）

图2-12

图2-13

图2-14

图2-15

逼，即乘势紧逼，进马一步，作吐放之势，使敌立足不住也。（图2-16、图2-17）

图2-16

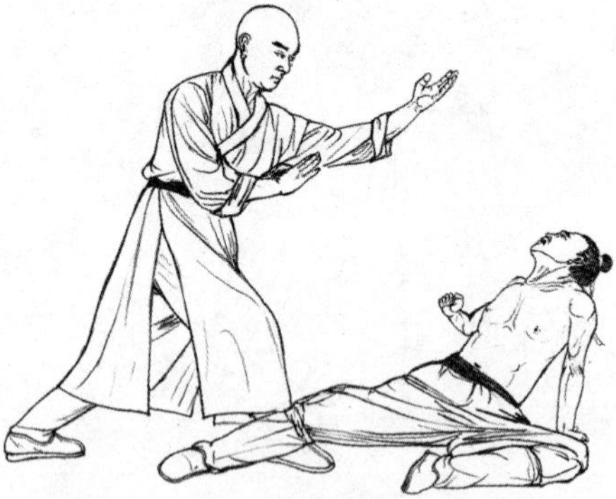

图2-17

擒、拿本为一手，即擒按敌之手或要害之处，使敌不能动弹也。（图2-18～图2-21）

图2-18

图2-19

图2-20

图2-21

擒拿术总括其要，为五字诀：一曰印，二曰擒，三曰侧，四曰紧，五曰切。印则以掌心力印之；擒则以五指擒之；侧则用掌缘侧而取之；紧则按准其要害而加力以紧之；切则如医家之切脉势，按其部位而切取也。此种手法，非纸上空谈所能领会，故技术之贵亲炙演授耳。（图2–22 ~ 图2–26）

图2–22

图2–23

图2-24

图2-25

图2–26

就次第而言，封先而逼后，封乘机而逼取势。擒拿则又属单行手法，与封逼不能牵同。此为初学而言，亦系一种制敌取胜法门。

若至于熟练精到时，此等手法，皆可不用。盖以吾辈一举手投足之下，敌已失其手足活泼之力，不必吾封而已自封之也。倘遇名家，则此种手法，更不可轻用。大凡技击家之逢敌手，总以先用探手，观其宗派家法与其得力深浅，而后可以变化应敌，握机进取。倘若江湖俗子，辄欲浪施封逼之陋术，一旦偶逢强手，不能封人，先已自封；且逼之既紧，退步无地，不独取败，亦且见笑于大方，学者所当谨记也。

第三章

解裁手法之真诀

一、要论

上章所论八手，不过为入门者略言及之。其实，囿于敌手之可以解、可以裁者，定属门外汉。若名手内家，其手法变化无方，瞬息即异，岂有易于解裁乎？

对手相逢，力敌矣，则观变化；变化同矣，则观捷速；捷速同矣，则观机巧；机巧同矣，则观平日得力专工之深浅与造诣之精鲁，而优劣胜负判焉。倘系智均力敌，则两雄一举手即知，不致妄相水火也。

或问曰："然则如言，解裁手法可以不必学矣。"

曰："此道有虚实常变之别，明乎此而后可以言解裁。何则？如既名为解裁，必须敌出实手，而后可以解之裁之，虚则不能解与裁也。故可解可裁者，法之常；随机生巧者，法之变。常则有迹可寻，变则神明莫测。倘系外家，出手即露四相。此等敌手，凡入门半年者，即裁之解之而有余矣。"

四相为何？

挥拳高举，劈头而下。拳即高举，则腋部必空。其病一。

长拳冲入，手臂伸直无余，且拳之收入又迟缓停滞。手直则钝，不伤则折。其病二。

既无马步桩法，长身直立，如僵立之碑。直立则后虚，一动即跌。其病三。

怒气腾涨，进退甚猛，血气上升，手足无主。怒则心昏，自动不知，何能胜人？其病四。

既现此四相，可以不言而知为外家。此等出手，挑之、斫之、拦之、切之，或随意封逼之，随意任行，毫无碍事。盖以此等人，手既高举直出，全身之空虚甚多，自由解裁，可以左右逢源，此尚为学之未精者言之也。倘系老手名家，则视此如玩弄小儿，又何裁解之足云。

盖裁解手法，乃斯道之浅，而非斯道之深者也。至于名家相遇，则出手无隙之可乘，手本虚也，不拒则实；手本实也，按之则虚；观其进也而实退，势若缓也而实捷。声东击西，欲虚反实；矫若神龙之游空，猛如虎兕之出柙。此所谓棋逢对手，争胜负于毫末之微，乘机势于黍米疏密之际，又岂一挑一拨、半封半逼之手法，所能解裁见功乎？故谓解裁非此道之精者。

虽然，解裁亦有一定之方法，又不能不为初学者道也。兹示之如下。

二、解裁法

1. 高来则挑托。（图3–1、图3–2）

图3–1

图3-2

2. 平来则拦格。（图3-3、图3-4）

图3-3

图3-4

3. 低来则斫切。（图3-5、图3-6）

图3-5

图3-6

4. 势猛则乘其势，以猛还之。凡来势猛，必上部重而下部轻，先避其势，后乘其虚，取侧势而击之，无不应手而倒，所谓以猛还猛，是在精熟家之妙用耳。（图3-7～图3-10）

图3-7

图3-8

图3-9

图3-10

5. 力强则借其力而顺制之。借力之法，亦与此同。术家所谓“借他千斤力，不费四两功”即此意也。（图3-11～图3-13）

图3-11

图3-12

图3-13

6. 敌力胜于我，则取侧锋以入。敌力强，若踏洪门以进，则易于被敌制，而不能进退取机与变化。（图3-14 ~ 图3-16）

图3-14

图3-15

图3-16

7. 敌力弱于我，则踏洪门而进。术家通称正入为踏洪门。吾宗则名为上中宫。（图3-17、图3-18）

图3-17

图3-18

8. 动手欲防敌人足，须注意其肩窝。大凡用长腿飞击时，其肩窝必先耸起，此定势也。（图3-19～图3-21）

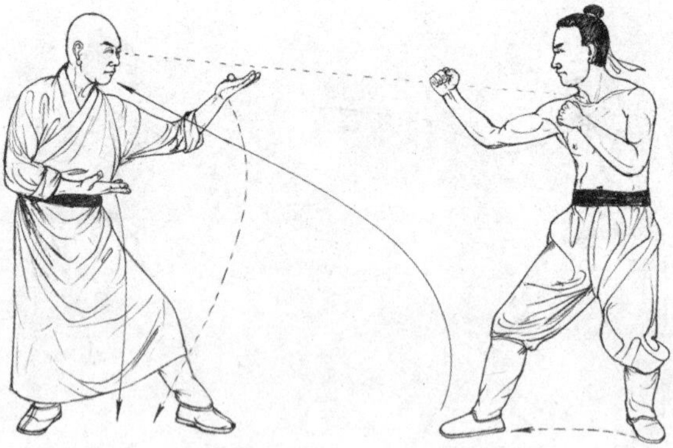

图3-19

图3-20

图3-21

9. 有时偶尔不备，被敌从后突忽围抱，可急下半马，先以头向后撞击敌人之面鼻。因抱时彼此之头部，正对准也。（图3–22、图3–23）

图3–22

图3–23

倘一击不中，再乘势以足向后提去，以取敌人之下阴部，无不松解者。（图3-24）

图3-24

图3-25

倘二击再不中，则吞气一口，鼓力周身，猛起肘拐，以冲击敌人之胸、肋、腹部等处，则敌虽勇亦难支架不退也。（图3-25、图3-26）

图3-26

此为初学之解裁法。若系名家，精听声术者，虽在暗夜中，尚能有以自卫，不易轻为他人制，即被制亦应变有方，使敌自毙。盖以用手暗中趁不备而围抱人者，乃痴愚者之所为，其解裁非甚难也。

10. 凡与人搏，切不可用手沾实敌人之手与物。盖不实则虚，虚则易于变化。此初学步者不可不知之术。若于吾宗拳术精习有得，则阴阳虚实，神变无穷，此等解裁法，真卑卑不足道也。（图3-27、图3-28）

图3-27

图3-28

以上十法，均通行之解裁术，唯有两大端，须精心求之者。一为求名家巨子之确有宗法者，悉心而学之。先练其常，后精其变，气力交修，手足双练，不安小就，苦求大成。则纯技专术，自能强身济世，此等解裁，一点即通矣。二须自己有所悟入，始能受用。人之手足，同具于天，此往彼来，举动无甚悬殊，习之既久，始能随机生巧。在学者勿驰骛虚泛，皈依精到，凡一切有形之手术，皆成筌蹄之末技耳。

昔有甲乙两人，同习技于少林，年相若、体干相若、所授之技又相若，十年相处、朝夕与共，究其造诣之深浅，则乙不如甲远甚。或问其故？一贯禅师（图3-29）曰："世间无论何种技术，有有形者，有无形者；有形者可传，无形者难授。人之一身，虽血气无殊，精神相等，然其微妙处，或力巧而功不深，或功深而气不静，或气静而神不完，如是则终只能到中乘地步。求其臻入上乘，有超神入化之功，则戛戛乎其难哉！"师又言："吾授徒二十余年，门弟子以百余计。究之升堂入室，可传吾衣钵而得正法眼藏，能为技击界之龙象者，不过二三人而已。"由是观之，则技击一术，虽称小道，常有学技数十年，终不能深窥门径者，从可知也。

图3–29

第四章

身法示要

学者既于地盆（即马步）、手法、掌法、解裁手法等，知其用力之道、练习之方，则于此术已获十之五六，似不可不进而求诸身法。

盖身法为斯道之中枢关键，须与手足之动作灵通一气，进退有方，趋避得机，起落（即长马、短马之谓）如势，变化敏快，如是而后法术完备，应用得力。

一、进退法

身之进退，其机其势，千差万别，争于黍米秒忽之间。有一步进，有纵跃寻丈之进；其退也如之。又有左进、右进与左退、右退之别；或阳退而阴进，虚进而实退；或以进为退，以退为进，以及猛进猛退之方、长马进与短马进之法。种种法规，不可以一端尽，要在学者取机乘势，自由进退可也。（图4-1～图4-3）

图4-1

图4-2

图4-3

少林之寻常进法，必用短马，紧取侧势。盖以不进则不能逼，不能逼则两臂之力难于击中要害，且易于躲让，使力不能十分充足，此为最有关系者也。退则多因不克得手，故退一步而再乘机进也。

今将寻常进退法歌诀记下：

进步捷如风，失机退宜快。
乘势侧锋入，身稍向前迈。
掌实即须吐，发声使惊怪。
变化如蛟龙，迟速分胜败。
身稍向前迈；身之上段微向前扑。

又，身未退而胸向里折，则为吞。如敌以拳或掌或物器等平胸刺击而来，倘其物短，则身稍折，而敌之物即落空。再乘机拦格，或取侧势以进。此吞身法，用之甚多，须精练之。（图4-4～图4-8）

图4-4

图4-5

图4–6

图4–7

图4-8

以单掌或双掌推击则为吐，取其力从腋里肩窝吐出故也。（图4-9、图4-10）

图4-9

图4-10

铁斋曰："人当正面而立，如敌以拳与器平胸陡至，则右足稍退一步，即成侧势，再用左手格避，而右足前进一步，即取击势。唯一退步时，手既起而身变作半马。此亦身法之一端，在速快耳。"（图4-11～图4-13）

图4-11

图4-12

图4-13

又曰："前所谓右足前进一步，即取击势者，乃泥守规则之语。究之进右足，实不如进左足之为迅速，且较进右足尤为得势。"（图4-14、图4-15）

图4-14

图4-15

铁斋为少林派之巨子，前清康熙时，隐居潮州，以授徒自给，其及门受业者，以数百计，少林家法，赖以不坠。每于寻常一进退之微，皆必求其精到无弊而后已。由是观之，斯道又岂粗心人所能登堂入室者乎。

二、左右趋避法

进退乃取势之方，趋避为乘机之地。兵法所谓避虚击实、声东击西等语，无一不与此道息息相通。不过彼为群与群斗，此为个人与个人斗而已。无论如何技精力足，总不能不有所趋避，因有所避而后有所趋，此为一定之理。趋左则避右，声东则击西，随敌之动以为方，观敌之机以为用，明于术而不拘于术，击其要而不见其迹，此真所谓变化无方，心手两忘，神而明之，存乎其人者也。（图4-16～图4-20）

图4-16

图4-17

图4-18

图4-19

图4-20

兹将趋避歌诀，记之如下：

趋避须眼快，左右见机行。
趋从避中取，实自虚中生。
山重身难压，隙开进莫停。
势猛君休惧，四两拨千斤。

山重身难压：方语所谓泰山虽重，其如压不着我何？即避让之意也。至平日练习之法，以精熟少林拳技，则马稳而身灵，到时自能左右逢源也。

身法总以转侧灵巧、进退阖辟（即左右避让是也）、起落（马步起落是也）得势，为名家衣钵。至于变化莫测，出人所不能防、不能制者，是乃在乎苦心独造之士，不可以常法绳之也。

第五章

技击术释名

一技有一技之特别名称及其遗传习惯之词语，苟不详为解释，茫昧从事，顾名而不知其义，此亦见笑于方家者也。至其名称之同异，有为少林之专称者，有为各家所通称者，雅俗各别，名词互异。兹取其寻常通行者，略记如下。少林之名称，列于首方，至各派之称，附之于后。

一、地盆

通称马步，又称“骑马桩”。有八字马、二字马、一字马之别。（图5-1 ~ 图5-3）

图5-1

图5-2

图5-3

二、 呼吸

少林又名“练息法”。北派称“提气”。湘、黔称“提桶子劲”。（图5-4）

图5-4

图5-5

三、指法

1. 少林一指称“金刚指”，通称“金针指”。（图5-5）

2. 两指称“金剪指”。（图5–6）

3. 三指称“三阴指”，又称“鼎足指”。（图5–7）

4. 四指齐出，称“金铲指”。（图5–8）

图5–6

图5–7

图5–8

四、掌法

1．五指紧排，称“柳叶掌”，又称“般禅掌”。（图5–9）

2．出掌时指尖向下，即翻掌，称“托叶掌”。（图5–10）

3．五指屈钩，称“虎爪掌”，又称“金豹掌”。（图5–11）

图5–9

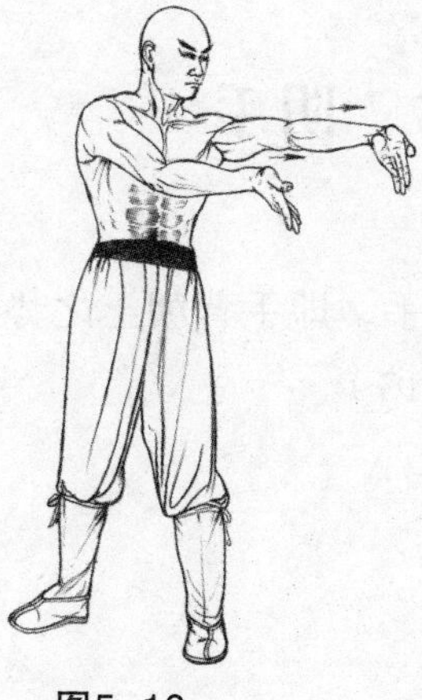

图5–10

图5–11

五、阳手

阳手，即手掌朝上之势。（图5-12）

图5-12

图5-13

六、阴手

阴手，即手背朝上之势。（图5-13）

七、牵缘手

牵缘手又名“阴阳回环手”。（图5-14、图5-15）

图5-14

图5-15

八、剪手

剪手又名“金叉手”，通称“双阳踏手”。（图5-16、图5-17）

图5-16

图5-17

九、吞法

马不动而身稍折为“吞法”。（图5-18）

图5-18

十、吐法

手外推为“吐法”。（图5-19、图5-20）

图5-19

图5-20

十一、灌拳

手三指平握，食指大节锐出，称“灌拳”。（图5-21）

图5-21

十二、点拳

外四指平握，中指突出，称“点拳”。（图5-22）

图5-22

十三、踩洪门

与人搏斗，正中直进，称“踩洪门”。（图5-23、图5-24）

图5-23

图5-24

十四、踩边门

左右取势，称“侧锋”，又称“踩边门”。（图5-25、图5-26）

图5-25

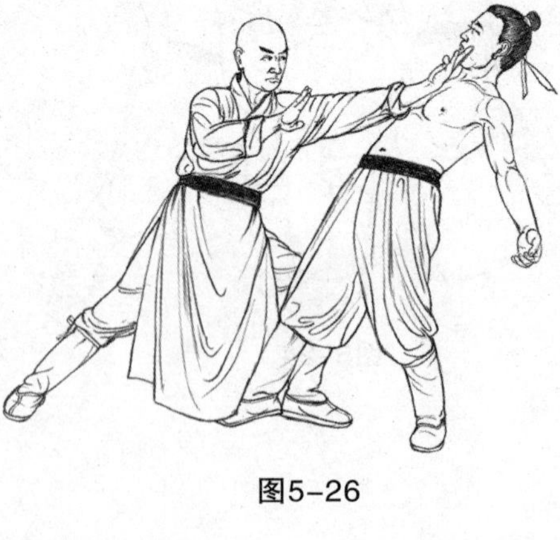

图5-26

十五、英雄独立

右足直立，左足屈而高起，两手作鹤嘴势，平膀合抱（相距五六寸），努目直视，称“英雄独立”。（图5-27）

图5-27

十六、乌龙摆尾

左手前照作拦势，右手排掌向后一扫，称“乌龙摆尾”。（图5-28、图5-29）

图5-28

图5-29

十七、黑虎推山手

前足屈而后足直，步法大开，身朝前扑，两手作虎爪掌前推，称“黑虎推山手”。（图5-30）

图5-30

十八、白虎望路手

图5-31

足照上势，两掌作欲推势，称“白虎望路手”。（图5-31）

十九、白虎反沙手

矮马，右足伸长，头向前望，两手朝后照抑，称“白虎反沙手”，又名“寻豹儿手”。（图5–32）

图5–32

图5–33

二十、踩八卦

演拳时，踏东南、西北及西南、东北等方，为“踩八卦”。（图5–33 ~ 图5–35）

图5-34

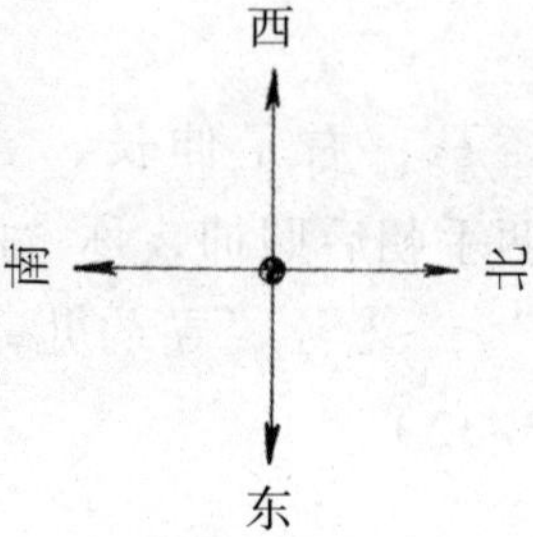

图5-35

二十一、子午桩

半马，即身稍蹬下，两足分开，如长三势，称“子午桩”。（图5-36）

图5-36

二十二、灌穴

击肩窝之合缝凹处，称“灌穴”。（图5-37）

图5-37

二十三、双刀斩鼠法

用双掌斫敌人之膀肉，称“双刀斩鼠法”。（图5-38）

图5-38

二十四、斩龙手

用单掌击尺脉后之脉根，称“斩龙手”。（图5-39）

图5-39

二十五、踢灯

击敌人之腰肾穴，称为“踢灯”。肾为命门之火，故名踢灯，以用足力故也。（图5-40～图5-42）

图5-40

图5-41

图5-42

二十六、点金钱

点击两太阳穴，称“点金钱”。（图5-43）

图5-43

图5-44

二十七、倒树法

动手即先用足踏敌人之足尖，称“倒树法”。（图5-44）

二十八、铁帚手

以掌刷击敌人之眼目，称“铁帚手”。（图5-45）

图5-45

二十九、换枕手

闪至敌后，拍击或斫击敌之脑后穴，称“换枕手”。（图5-46、图5-47）

图5-46

图5–47

三十、沉海手

击敌之尾脊穴，称曰“沉海手”。（图5–48）

图5–48

三十一、托阴手

击前阴，称曰“托阴手”。（图5-49）

图5-49

图5-50

三十二、照风手

灌击敌人之耳根，称曰“照风手”。（图5-50）

三十三、踩八卦

踏丹田气海穴，称曰“踩八卦”。（图5–51）

图5–51

图5–52

三十四、大撞碑手

胸膛直入，称曰“大撞碑手”。（图5–52）

三十五、破瓜手

击人中，称“破瓜手”。（图5-53）

图5-53

三十六、毒蛇寻穴手

插咽喉，称“毒蛇寻穴手”。（图5-54）

图5-54

三十七、贯膛手

灌腋窝，称曰“贯膛手”。（图5-55）

图5-55

三十八、挝边手

击肋下空处，称“挝边手”。（图5-56）

图5-56

以上不过略就寻常称谓，稍为释之。其余一切微近俚俗者，则从缺焉。

或有问曰：“其中之名称，有近于似者，固亦确有至理存焉。至如踏丹田气海，称‘踩八卦’，未免名不副实，此何意也？”

答曰：“以名实而论，其中不符者甚多，不仅此一端为然耳。但以个中人多用此称谓，几成习惯，所谓积习既久，未能免俗者此也。”

是编乃数十年前之旧抄本，其间鲁鱼亥豕，讹误甚多。兹为改订而略加润色，亦以留当年之雪泥纪念焉尔。（陈铁笙）